LES VICTOIRES DE LA PAIX

BALLET,

QVI SERA DANSE'

dans le College de la Sainte Trinité de la Compagnie de IESUS.

Le vingt-huitiéme May 1679.

A LYON,
Chez ANTOINE LAURENS, ruë Belle-Cordiere.

M. DC. LXXIX.

A MESSIEURS LES PREVOST DES MARCHANDS, ET ESCHEVINS DE LA VILLE DE LYON,

Presidens, Iuges, Gardiens, Conservateurs des Privileges Royaux de ladite Ville.

Messire THOMAS DE MONLCEAU, *Seigneur du Mas, & Procureur General de la Ville de Lyon, Prevost des Marchands.*

Nobles GUILLAUME BOLLIOUT MERMET, *Escuyer, Conseiller du Roy en la Seneschaussée & Siege Presidial de Lyon,* LEONARD BATHEON, HIERÔME CHAUSSE, *Escuyer, Conseiller du Roy, Ancien & Premier President en l'Eslection de Lyonnois,* & LAURENS ARNAUD, *Eschevins.*

ESSIEURS,

Comme vous employez vos soins à nous faire goûter les fruits de la Paix que le Roy a donné à l'Europe; la reconnoissance nous oblige à employer aussi toute nôtre industrie & tous les petits efforts de nos Muses naissantes pour vous en témoigner nôtre joye.

Il n'y eut jamais de Paix plus glorieuse à la France, il n'y en eut jamais aussi de plus utile à cette grande Ville que vous gouvernez, & le commerce qui en fait la principale grandeur ne sera jamais plus florissant qu'à present que nos Armes victorieuses nous ont ouvert toutes les Terres, & toutes les Mers. Il falloit en préparer les voyes par la Guerre, pour pouvoir les suivre dans la Paix avec seureté & avec avantage ; il falloit humilier ceux qui s'en disoient les Maîtres, & qui ne pouvoient souffrir de concurrens ; il falloit les obliger par la crainte à nous laisser poursuivre des desseins, que leur jalousie ne cessoit de traverser, & à nous ceder la premiere gloire de l'industrie aussi bien que celle de la valeur.

Ce seront vos citoyens, MESSIEURS, qui succederont à cette gloire, qui n'est pas si petite qu'elle n'ait excité l'ambition des Nations les plus belliqueuses, & qu'elle ne nous ait souvent attiré l'envie des plus puissantes.

Nous sommes donc ceux de tous les Sujets de LOUIS le Grand, qui devons tirer de ses desseins de plus grands avantages, & c'est pour nous en particulier qu'il a entrepris la plus glorieuse de toutes les guerres, & qu'il l'a couronnée par une Paix encore plus glorieuse.

Que d'évenemens prodigieux, MESSIEURS, dans le cercle de peu d'années? Les routes qu'il tient dans sa conduite sont toutes nouvelles, & jamais Prince ne fit

la

la Guerre ou la Paix comme luy. Il a ouvert de nouveaux chemins à la valeur, & à la sagesse militaire ; il a fait un Art nouveau de combattre & de vaincre ; il a renversé l'ordre des temps & des saisons ; Sieges, Assauts, Campemens, Combats, tout a pris une nouvelle forme; Si les victoires sont inoüies, la maniere de les remporter est sans exemple ; & s'il n'a suivi personne dans ces voyes heroïques, qu'il a luy-même frayées, à peine trouvera-t-il quelqu'un, qui puisse le suivre.

Vne maniere d'attaquer & de defendre si surprenante jettoit dans la confusion & dans le desordre cette multitude effroyable d'ennemis, que sa gloire & sa puissance luy avoient attirez. Ils ne le voyoient jamais, quand ils l'attendoient, & ils le sentoient toûjours, lors qu'ils ne l'attendoient pas ; autant prompt que retenu dans sa conduite, tantôt au milieu des neiges & des glaces il leur enlevoit des Places, que l'Art avoit rendu imprenables, & que la rigueur de la saison ne souffroit pas même qu'on attaquât, tantôt il arrêtoit leurs efforts, & rompoit leurs mesures les mieux concertées, lorsque les élemens & les saisons sembloient favoriser leurs entreprises. Il executoit ses desseins, lors qu'ils meditoient les leurs ; il leur arrachoit la victoire, lors qu'ils se préparoient au combat ; il les fatiguoit, quand ils se croyoient en repos ; & en se délassant il les voyoit tout à loisir se consumer dans de vains projets, & insultoit dans un noble repos à leurs fatigues, à leurs empressemens inutiles.

Ainsi nos ennemis commençoient à ressentir les maux, qu'ils nous préparoient ; toutes leurs mesures étoient

B

rompuës, & ils n'avoient nul moyen de rompre les nôtres : le feul defefpoir leur faifoit garder les armes, que la jaloufie leur avoit fait prendre, & ils voyoient leur ruïne entiere entre les mains d'un Prince invincible, dont ils avoient irrité la valeur, & de qui ils ne devoient jamais attendre la clemence.

En cet état ne pouvant ny foûtenir une guerre, qui leur étoit funefte, ny fe refoudre à une Paix honteufe, ils efperoient de tirer de nouvelles forces de leur foibleffe, & de nous faire de nouveaux ennemis par la jaloufie de nôtre puiffance. Le fuccez en effet fembloit répondre à leurs defirs, & cette haute prudence dont ils fe vantoient, par un coup d'état, qui devoit reparer toutes leurs pertes, nous avoit fufcité un ennemy plus redoutable que tous les autres. Ce fut alors que devenus fiers & intraitables ils n'écoutoient plus rien de raifonnable; leurs demandes étoient exceffives ; ils ne menageoient plus un vainqueur, dont la moderation étoit fans exemple ; & leur efperance foûtenant leur defefpoir, ils aimoient mieux s'expofer à tout perdre que de luy être obligez de leur bon-heur & de leur falut.

Déja les nouveaux fecours rempliffoient leurs Places : Déja les flottes invincibles fe préparoient avec une ardeur incroyable ; les ports de l'Angleterre nous étoient fermez, & ces nouveaux ennemis cherchoient par quelque coup d'éclat à rétablir une caufe ruinée, & à fe rendre les Maîtres des affaires.

C'eft en cette occafion, MESSIEURS, que toutes les vertus héroïques de nôtre grand Monarque ont paru plus parfaites & plus admirables. Iamais on ne vît en luy plus de courage & plus de sageſſe, plus de tranquillité & plus de force, une fierté plus noble & une moderation plus retenuë. Touché des malheurs de ſes premiers Ennemis, autant qu'il étoit irrité de l'infidelité de ſes anciens Alliez, il ſembloit ne pouvoir ſuivre en même-temps deux mouvemés ſi contraires. Il ne falloit pas que ces nouveaux troubles rompiſſent le grand deſſein, qu'il avoit formé de donner la Paix à l'Europe, il ne falloit pas auſſi que ces nouvelles forces des Confederez paruſſent capables d'arrêter le cours de ſes Conquêtes. Il falloit pour le comble de ſa gloire, que tout parut fléchir toûjours ſous ſa puiſſance, craindre ſa colere, & dependre de ſa volonté. Luy ſeul, par une force & une capacité de genie ſurprenante, luy ſeul à ſcû trouver ce temperamment admirable; ſoûtenir la reputation de ſes armes & en arrêter les effets; ſuſpendre ſes Conquêtes ſans interrompre ſes deſſeins; armer ſa clemence, & déſarmer ſa colere; faire tout craindre à ceux qui ne craignoient rien, & tout eſperer à ceux qui craignoient trop; abattre en même-temps la fierté, & relever le deſeſpoir; préparer une Guerre que l'Europe n'oſât ſoûtenir, & commander une Paix que l'Europe ne pût refuſer.

Mais nous ne prenons pas garde que nous élevons nôtre voix au deſſus de nos forces, & que commençant ſeulement à apprendre les prémieres régles du diſcours, nous avons entrepris temerairement de parler d'un ſujet, qui demande une éloquence conſommée. Nôtre zéle nous a emporté, MESSIEURS, & la temerité eſt excuſable en nôtre âge.

Nous ferons peut-être plus heureux dans le deſſein

que nous avons choisi sur le sujet de la plus glorieuse & de la plus heureuse Paix qui fut jamais ; Outre que nous ne pouvions prendre de sujet qui vous fût plus agreable, nos Danses & nos representations de Theatre seront plus de nôtre genie, elles exprimeront mieux nos transports & nôtre ardeur, & la gloire trop éclatante du grand Heros de la Paix éblouïra moins sous l'ombre des allegories & des fictions.

 Mais nôtre joye sera parfaite, MESSIEURS, si dans le desir que nous avons de vous témoigner nôtre reconnoissance, vous recevez avec plaisir les foibles témoignages que nous vous en donnons en cette occasion ; & si excusans nos deffauts vous approuvez la soûmission, & le zele, avec lequel nous sommes,

MESSIEURS,

Vos tres-humble, tres obeïssans,
& tres-obligez Serviteurs, les
Ecoliers du College de la Trinité
de la Compagnie de JESUS.

Recitera le Compliment, ROMAIN THOMÉ, *de Lyon.*

LES VICTOIRES
DE LA PAIX:
BALLET.

L semble que ce qu'il y a de plus extraordinaire, & de plus merveilleux dans la Paix, qui vient de reünir heureusement les Nations les plus belliqueuses qui soient dans le monde, & d'éteindre un feu, qui embrasoit toute l'Europe; que ce qui la rend, dis-je, si singuliere, & si glorieuse, c'est la maniére triomphante dont elle est ramenée par la voye des armes, & rétablie dans le monde par les combats, & par les victoires. Le victorieux combattant pour elle, & les vaincus mettant tout en œuvre pour faire durer la guerre, & pour la rendre plus sanglante. Autrefois le vainqueur se laissoit fléchir par ses ennemis qui la luy demandoient avec instance; ou bien les deux Partis également lassez & rebutez embrassoient la Paix cõme le seul moyen de reparer leurs forces épuisées, & se reünissoient pour ne pas se détruire; d'autresfois l'on a vû des Vainqueurs, qui par une fausse clemence obligeoient ceux qu'ils pouvoient accabler à terminer une Guerre, qui alloit achever leur ruïne; & leur laissant par pitié quelques vains titres, & quelques foibles restes de leur ancienne grandeur, les soûmettoient en effet à leur Empire, en leur commandant de regner, & ajoûtoient à la gloire de leur triomphe celle d'avoir des Souverains pour sujets. C'estoient là les diverses maniéres dont on faisoit la paix dans le monde. Mais aujourd'huy il n'arrive rien de semblable; cette Paix est offer-

C

re par la Clemence, & commandée par la Juſtice, elle n'eſt ny obtenuë par la ſoûmiſſion, & par les prieres, ny impoſée par la force & par la violence. Mais elle eſt par tout & en toutes manieres victorieuſe, & triomphe également de ſes ennemis & de ſes amis.

Cette divine fille du Ciel, cette aymable Aſtrée venoit à l'ordinaire à la faveur des traitez, pour ſe rétablir ſur la Terre, & n'avoit point d'autres armes que les charmes de ſa beauté, & de ſes bien-faits. C'eſt en cét eſtat qu'elle parut à Cologne aprés la premiere année de la guerre, & que les Deputez des Princes intereſſez s'eſtant aſſemblez ſous la foy publique ſembloient l'avoir receuë, & écouter avec ſoûmiſſion ſes loix & ſes oracles. Mais un eſprit de fureur & de diſcorde s'eſtant répandu dans l'aſſemblée, & ayant rompu le traité par un coup violent, la pauvre Paix ſe vit attaquée de tous côtez, & chaſſée honteuſement par ceux mêmes qui l'avoient appellée.

Elle n'étoit pas ſi mal-traitée à Nimégue, mais les longueurs eſtoient infinies, & le délay ne ſembloit pas moins contraire à ſes eſperances que la violence: De nouveaux incidents faiſoient naîſtre tous les jours de nouvelles difficultez, & ſes mediateurs alloient devenir ſes ennemis. Les ſeuls victorieux luy eſtant toûjours fideles & ne demeurant armez que pour ſoûtenir ſes droits, il ne luy reſtoit plus d'autre moyen pour defendre ſa cauſe, que de ſe joindre à eux, & d'employer la force des armes contre l'injuſtice de ſes ennemis. Elle s'arme donc elle-même, & ſe defaiſant de cette humeur douce & tranquille qui ſembloit faire ſon caractere, elle paroit fiére, & guerriere, elle anime les armées par ſa preſence & par ſon courage, & rétablit enfin ſon Empire dans le monde par ſes combats, & par ſes victoires.

Ce ſera là le deſſein de tout le Ballet. On tâchera d'y garder un ordre qui réponde à la ſuite des incidens ſurvenus dans le traité & dans la concluſion de la Paix. Il aura deux parties, dont la premiere répondra au traité de Cologne, & la ſeconde au traité de Nimégue, dans la premiere la Paix eſt attaquée, dans la ſeconde elle eſt Victorieuſe.

Outre les recits des ouvertures, on inserera quelques Diludes dans les deux parties, qui auront quelque rapport au sujet.

La Muse Terpsicore à qui l'invention des danses & des chants est attribuée fera l'ouverture de tout le Ballet. Elle sera accompagnée de Comus, & de Momus, qui sont les Dieux de la Fable, qui président aux divertissemens, & aux jeux, & s'adressant aux Nymphes du Rhône, & de la Saône, elle leur exposera le dessein qu'elle a de celebrer sur leurs bords la gloire du Heros de la Paix, & de renouveller pour ce sujet ses chants & ses Danses.

TERPSICORE, *Iean Mathieu Albanel.*
COMUS, *Hugues d'Espinace.*
MOMUS, *Iean Baptiste Rougeault.*
NYMPHE DE LA SAÔNE, *Iean Pradal.*
NYMPHE DU RHÔNE, *François Vignon.*

PREMIERE PARTIE.

La Paix attaquée,

OUVERTURE.

LA France animée contre la Hollande la menace de sa derniere ruine, & expose par son recit les causes de son indignation ; la Victoire, & la gloire, qui l'accompagnent, luy promettent de soûmettre à son Monarque tous les peuples qui oseront luy resister : Mais la Paix conduite par la Clemence les arreste en declarant à la France les ordres de son Souverain, & luy faisant voir le palais qu'il luy a fait preparer sur les bords du Rhin pour y regler les interests de tous les peuples, & appaiser tous les differents. Elles entrent toutes dans ce Palais pour seconder les desseins de ce grand Monarque : Mars qui les voit entrer appelle à son secours l'Envie, la crainte & la perfidie, pour soulever tous les peuples, pour chasser la Paix & renverser son Palais ; & voyant d'abord paroître Flore, qui vient couronner la Paix de ses fleurs, comme par un beau présage des fruits qu'elle doit bien-tôt répandre sur la terre, il fait venir les vens du Nord pour la chasser & luy enlever ses presens.

LA FRANCE, *Iean Pupil.*
LA VICTOIRE, *Dominique Ponsaimpierre.*
LA GLOIRE, *Iean Loüis Panthost.*
LA PAIX, *Nicolas de Lery.*
LA CLEMENCE, *François Dantricolles.*
MARS, *Antelme Rollet.*
L'ENVIE, *Claude Turrin.*
LA CRAINTE, *François Seguin.*
LA PERFIDIE, *Ioseph Blanchard.*

PREMIERE ENTRE'E.

AU Premier bruit de paix les campagnes paroissent toutes riantes & en ressentent les premiers effets ; & les fleurs d'abord naissant de toutes parts, la Deesse Flore accompagnée des Nymphes des Roses & des Lys en forme des Couronnes pour les presenter à la Paix, comme le premier présage du bon-heur de la campagne ; mais elle est chassée par les Aquilons qui luy enlevent ses fleurs.

FLORE, *Pierre de Masso.*
NYMPHE DES ROSES, *Iacques Borde.*
NYMPHE DES LYS, *Philippe Bourrilier.*

VENS. *Hugues d'Espinace.*
Iean-Baptiste Rougeault.

SECONDE ENTRÉE.

Les Païsans se croyans déja en asseurance apportent dans les Villes leurs denrées ; Ils sont chassez par des Soldats.

PAÏSANS. *Iean Ianet.*
Nicolas de Lery.

DILUDE.

Des Soldats deserteurs sont surpris par des Sergens ; mais ils s'accordent tous ensemble pour voler une troupe de riches Voyageurs.

SOLDATS. *Horace Rey.*
Ioseph Devoge.
Laurent Gillet.

SERGENS. *Iacques Hugonnet.*
Iean Ianet.

TROISIE'ME ENTRÉE.

La joye des Villes n'est pas moindre que celle des Campagnes, & l'on en voit sortir des Marchands, qui s'étant tenus renfermez dans l'enceinte de leurs murailles pendant la guerre, se mettent en chemin à la premiere apparence de Paix pour renouveller leur commerce ; mais étant volez & battus par des Soldats ils ne sçavent où se cacher ; & cherchent en tremblant un lieu de retraite.

MARCHANDS. *Claude Turrin.*
Ioseph Blanchard.
Ioseph Mazan.
Pierre Iacques de Beauvoir.

QUATRIEME ENTRE'E.

LEs choses étant dans ce trouble, & les Nations qui veulent la Paix cherchant un azile dans son Palais contre les insultes des gens de guerre, les Intrigues & les Fourberies viennent en confondre & en embarrasser les chemins, & faire naître de nouvelles difficultez dans le traité.

INTRIGUES ET FOURBERIES.
   Dominique de Ponsaimpierre.
   Iean Loüis Panthost.
   Iean Matthieu Albanel.
   Iean Pradal.
   François Vignon.

CINQUIE'ME ENTRE'E.

CEpendant les Furies pour ruïner toutes les esperances que les peuples avoient conceuës du rétablissement de la Paix, animent les plus furieux à faire quelque coup violent; ils courent la hache à la main, enfoncent les portes de son Palais, rompent l'Assemblée où la Deesse presidoit, & l'obligent à prendre la fuite.

FURIEUX.
   Antelme Rolet.
   François d'Antricolles.
   Romain Thomé.

SIXIE'ME ENTRE'E.

LA Campagne s'arme dans ce desordre, aussi bien que les Villes, & les Païsans devenus Pionniers viennent sapper les fondemens du Palais de la Paix.

PIONNIERS.
   Claude Turrin.
   Iean Ianet.
   Nicolas de Lery.

SEPTIÉME ENTRÉE.

LEs Nations qui veulent la Guerre s'unissent contre la seule qui veut la Paix. Et l'on voit le François combattre seul contre l'Espagnol, l'Allemand, & l'Hollandois. Il les blesse tous trois, les met en fuite, & demeure maître du Champ de bataille.

  LE FRANÇOIS, *Jean Pupil.*
  L'ESPAGNOL, *Horace Rey.*
  L'ALLEMAND, *François Seguin.*
  L'HOLLANDOIS, *Jacques Hugonnet.*

HVITIÉME ENTRÉE.

LE Victorieux ne s'est pas plûtôt retiré, que les blessez reviennent & dansent en estropiez.

NEUVIEME ENTRÉE

LA Mer se trouble comme la Terre, & Neptune paroit avec ses Tritons pour donner du secours à une nation qu'il a toûjours protegée, & dont il a rendu la puissance redoutable.

  NEPTUNE, *François Chapaix.*
  TRITONS, *Antoine Buron.*
      Claude Paleron.

DILUDE.

UN Nautonnier Hollandois languissant dans un épuisement general de ses forces & attaqué d'un grand mal-de-cœur est secouru par un Marchand de vin Espagnol qui tâche inutilement de le faire revenir de sa foiblesse en luy donnant de son vin.

  MARCHAND DE VIN ESPAGNOL. *Horace Rey.*
  NAUTONNIER HOLLANDOIS, *Jacques Hugonnet.*

SECONDE PARTIE.
La Paix victorieuse.

Stat. l. 7.
Theb.

LA Scene represente le Palais de Mars tel que le Poëte Stace le décrit dans sa Thebaïde, tout bâti dacier & de bronze. Nous mettons ce Palais dans la Flandre, avec beaucoup plus de raison que les Anciens ne le met-

Stradal.
1. dec. 1.
de Bello
Belgico.

toient dans la Thrace ; Puisque selon la pensée d'un Historien celebre, il semble que ce Dieu de la Guerre ne fasse que passer par les autres Païs, mais qu'il ait étably sa demeure dans celuy-cy.

OUVERTURE.

LA Paix chassée de sa nouvelle demeure alloit ceder la place à Mars, & aux Furies, mais Minerve la Deesse de la Force & de la Sagesse à qui elle demande conseil luy donne ses armes pour se defendre, & la Victoire & la Gloire luy promettent tout secours de la part de la France. En cét état animée de courage elle entreprend de chasser Mars de son Palais, cõme il l'a chassée du sien, & choisit pour ce dessein le temps auquel ce Dieu s'y tient renfermé, & s'y delasse de ses fatigues, laissant regner dans les Campagnes l'Hyver avec ses glaces & ses frimats. Cette saison semble Ennemie de la Guerre, la Paix l'arme en sa faveur. Apollon, Minerve, les Amours, les Graces, & toutes les Divinitez pacifiques s'arment aussi pour sa querelle, tout est en mouvement, & tout se prépare pour un genre de guerre nouveau & surprenant.

MINERVE, *François Chapaix.*
     Charles Biclet.
AMOURS. *Jacques Borde.*
     Pierre Bouchage.

PRE

PREMIERE ENTREE.

UN nouvel Anthée fils de Neptune & de la Terre tient la campagne, & garde les avenuës du Palais de Mars: Mais un nouvel Hercule Gaulois le combat à la lute & le défait. Il est facile de juger quels sont ces enfans de la terre, dont la puissance sur Mer étoit arrivée à une grandeur demesurée, & qui osoient bien en venir aux mains avec les enfans des Dieux ; & quelle est cette lute fameuse dans laquelle l'Hercule Gaulois frere du Soleil ruina les forces de cette Nation puissante.

HERCULE, *Romain Thomé.*
ANTHE'E, *Iean Pupil.*

SECONDE ENTREE.

LEs Amours appellent les Peuples fideles à la Paix pour assieger le Palais de Mars. Les Furies font une sortie, & les Amours les combattent & les repoussent.

FURIES.
Claude Turrin.
François Seguin.
Ioseph Blanchard.

AMOURS.
Charles Biclet.
Iacques Borde.
Pierre Bouchage.

DILUDE.

LA Guerre a son commerce comme la Paix. Mais c'est un commerce d'iniquité dont nous donnons quelque connoissance dans ce Dilude, en ouvrant la boutique de Pluton ; la Fourberie, & l'Heresie y vendent des Masques à la Politi-

E

que & à la Rebellion : La Discorde y vend des Armes, & la Calomnie des Gazettes, & des Libelles diffamatoires.

LA FOURBERIE, *Iean Matthieu Albanel.*
L'HERESIE, *François Seguin.*
LA DISCORDE, *Claude Turrin.*
LA CALOMNIE, *Ioseph Blanchard.*
LA POLITIQUE, *Claude Paleron.*
LA REBELLION, *Antoine Buron.*

TROISIEME ENTREE.

LA Paix ayant repoussé ses Ennemis jusques dans l'enceinte des murailles du Palais, y fait donner l'assaut. Et comme elle sçait accorder les choses les plus contraires, elle unit ensemble l'ardeur du courage avec la rigueur du froid ; & sous la conduite de l'Hyver les Feux & les Frimats emportent le Fort d'assaut. Il est defendu par les Furies, & les Amours durant l'attaque les écartent des défenses à coups de fléche.

L'HYVER. *Romain Thomé.*

FEUX &
FRIMATS.
Antelme Rolet.
François Dantricolles.
Hugues d'Espinace.
Iean-Baptiste Rougeault.
Iean Pradal.
Pierre Iacques de Beauvoir.
Ioseph Devoge.
Pierre de Masso.

QUATRIEME ENTRE'E.

LE Fort emporté, les Villes enchaînées en fortent, & fe foûmettent au Vainqueur.

LE VAINQUEUR, *Pierre de Maffo.*

LES VILLES ENCHAINE'ES.

VALENCIENNES, *François Chapaix.*
GAND, *Claude Paleron.*
CAMBRAY, *Antoine Buron.*

CINQUIEME ENTRE'E.

APrés toutes ces profperitez la Gloire de la France s'oppofe à la Paix, & veut pourfuivre fes Conquêtes. Mais la Paix la defarme & l'arrête par la feule veuë du Soleil peint fur fon Bouclier; Elle reconnoît dans ce fymbole de fon Monarque, qu'il y a une Gloire à acquerir dans la Paix, beaucoup plus brillante, & plus folide que tout l'éclat des Victoires & des Conquêtes.

LA PAIX, *Nicolas de Lery.*
LA GLOIRE, *Iean Loüis Panthoft.*

SIXIE'ME ENTRE'E.

TOut allant ceder à la Paix, un nouvel incident femble renverfer tous les projets, & allumer une Guerre plus fanglante. Une nouvelle Ligue donne du courage aux Vaincus, & irrite les Vainqueurs. Les Furies ne pouvant plus fe défendre par elles-mêmes opposent à leur ennemie ce nouveau Monstre : Nous le representons sous la figure de ce Monstre de la Fable formé de la corruption de la terre, & tué par les fléches d'Appollon, que les Anciens ne distinguoient pas du Soleil. C'est ce nouveau Soleil de l'Europe qui la délivre de ce Monstre, qui le défait par luy-même, & ramene de sa propre main la Paix triomphante, lors qu'il y avoit le moins d'esperance de la posseder.

APOLLON, *Iean Matthieu Albanel.*

SEPTIE'ME ENTRE'E.

Apres la défaite du Monstre la joye de la campagne est exprimée par les Danses des Satyres, & des Sylvains.

SATYRE, *Claude Turrin.*
SYLVAIN, *Pierre de Masso.*

GRAND BALLET.

Es Vainqueurs & les Vaincus s'unissent ensemble & se soûmettent à la Paix victorieuse des uns & des autres.

VAINQUEURS ET VAINCUS.

Antelme Rollet.
Dominique de Ponsaimpierre.
Iean Loüis Panthost.
Iean Matthieu Albanel.
Ioseph Mazan.
Ioseph Devoge.
Laurent Gillet.
Charles Biclet.
François Vignon.
Antoine Buron.
Claude Paleron.
Philippe Bourrilier.
Pierre Bouchage.

GRAND RECIT.

LA Paix & la Clemence chantent les loüanges du Heros de la Paix, & leurs Danses sont terminées par un Recit au Roy sur sa devise du Soleil.

RECITERONT LE GRAND RECIT.

François Dantricolles.
Nicolas de Lery.
Romain Thomé.

NOMS DES ACTEURS.

RHETORICIENS.

ANTELME ROLET, de Belley.
CLAVDE TVRRIN, de Lyon.
DOMINIQVE DE PONSAIMPIERRE, de Lyon.
FRANCOIS D'ANTRICOLLES, de Limoges.
FRANCOIS SEGVIN, de Lyon.
HVGVES D'ESPINACE, de Lyon.
HORACE REY, de Lyon.
JACQVES HVGONET, de Lyon.
JEAN BAPTISTE ROVGEAVLT, de Lyon.
JEAN JANET, de Montmerle.
JEAN LOUIS PANTHOST, de Lyon.
JEAN MATTHIEV ALBANEL, de Lyon.
JEAN PRADAL, de Lyon.
JEAN PVPIL, de Rennes.
JOSEPH BLANCHARD, de Chatillon.
JOSEPH MAZAN, de Lyon.
NICOLAS DE LERY, de Lyon.
PIERRE JACQVES DE BEAVVOIR, de Dauphiné.
ROMAIN THOME', de Lyon.

HUMANISTES.

JOSEPH DEVOGE, de Belley.
LAVRENS GILET, de Lyon.

TROISIE'MES.

CHARLES BICLET, de Lyon.
FRANCOIS VIGNON, de Lyon.

QVATRIE'MES

ANTOINE BVRON, de Foreſt.
CLAVDE PALERON, de Lyon.
FRANCOIS CHAPAIX, de Lyon.

CINQVIE'MES.

JACQVES BORDE, de Lyon.
PHILIPPE BOVRRILIER, de Lyon.
PIERRE BOVCHAGE, de Lyon.
PIERRE DEMASSO, de Lyon.

FIN.

www.ingramcontent.com/pod-product-compliance
Lightning Source LLC
Chambersburg PA
CBHW070543050426
42451CB00013B/3150